Impressum
Verlag: BABADADA GmbH, Nedderfeld 112 , 22529 Hamburg
Geschäftsführer / Verlagsleitung: Harald Hof
Druck: Books on Demand GmbH, In de Tarpen 42, 22048 Norderstedt

Imprint
Publisher: BABADADA GmbH, Nedderfeld 112 , 22529 Hamburg, Germany
Managing Director / Publishing direction: Harald Hof
Print: Books on Demand GmbH, In de Tarpen 42, 22848 Norderstedt

school
dugsi

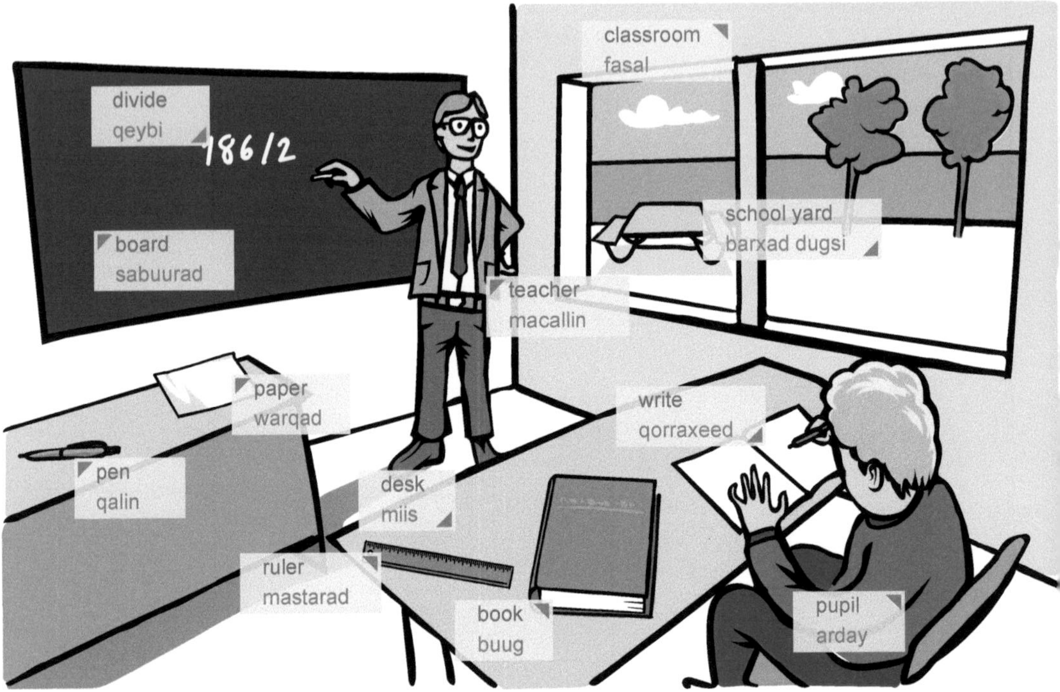
classroom
fasal
divide
qeybi
186/2
board
sabuurad
teacher
macallin
school yard
barxad dugsi
paper
warqad
write
qorraxeed
pen
qalin
desk
miis
ruler
mastarad
book
buug
pupil
arday

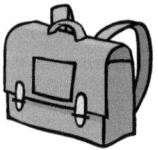

satchel

boorso

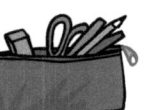

pencil case

kiis qalin-qori

pencil

qalin-qori

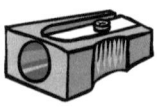

pencil sharpener

koobka qalin qor

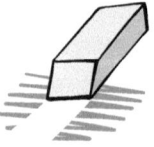

rubber

titirre

drawing pad

buugga sawirka

drawing

sawirid

paintbrush

burushka midabaynta

paint box

gasaca midabaynta

scissors

maqasyo

glue

koollo

exercise book

buug qoraal

homework

shaqo-guri

number

lambar

add

ku dar

subtract

ka jar

multiply

ku dhufo

calculate

xisaabi

letter

warqad

alphabet

alifbeeto

word

erey

text

qoraal

read

akhri

chalk

jeesto

lesson

cahsar

register

diiwaan

examination

imtixaan

certificate

shahaado

school uniform

direes dugsi

education

waxbarasho

encyclopedia

diwaan mowduuceed

university

jaamacad

microscope

mayskariskoob

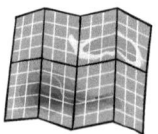

map

khariidad

waste-paper basket

haan qashin-gur

travel
safar

hotel
hoteel
Grand
hostel
hoteel jiif-cunto
ROOMS
EXCHANGE
currency exchange office
xafiiska sarrifaka lacagaha
car
baabuur

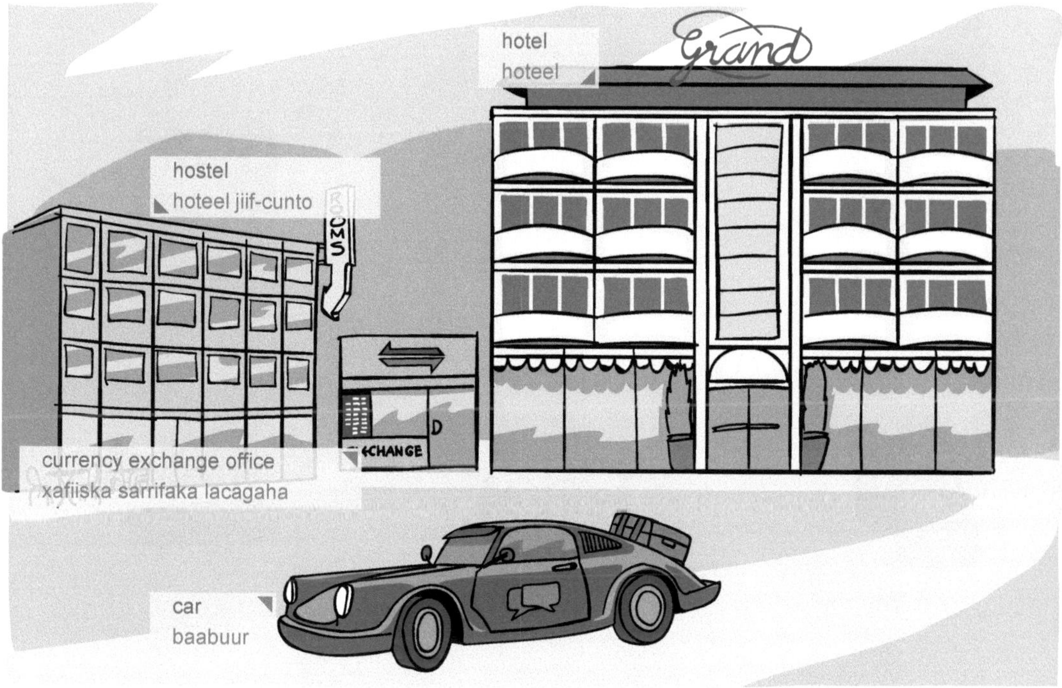

language

luuqad

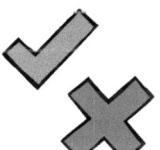

yes / no

haa / maya

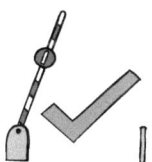

Okay

Hagaag

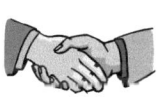

hello

nabad miyaa

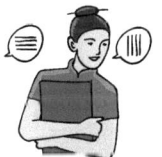

translator

turjumaan

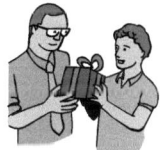

Thank you

Waad mahadsan tahay

how much is…?

waa immisa…?

I don´t get it

ma aanan fahamin

problem

dhibaato

Good evening!

galab wanaagsan!

Good morning!

subax wanaagsan!

Good night!

habeen wanaagsan!

goodbye

nabad gelyo

direction

jiho

luggage

alaabo

bag

boorso

backpack

boorso-dhabar

guest

marti

room

qol

sleeping bag

katiifad

tent

teendho

tourist information
xog dalxiis

beach
xeebta

credit card
kaar amaah

breakfast
quraac

lunch
qado

dinner
casho

Ticket
rasiid

elevator
wiish

stamp
tiimbare

border
xuduud

customs
qeybta-canshuur-bixinta

embassy
safaarad

visa
dal ku gal

passport
baasaboor

transport
gaadiid

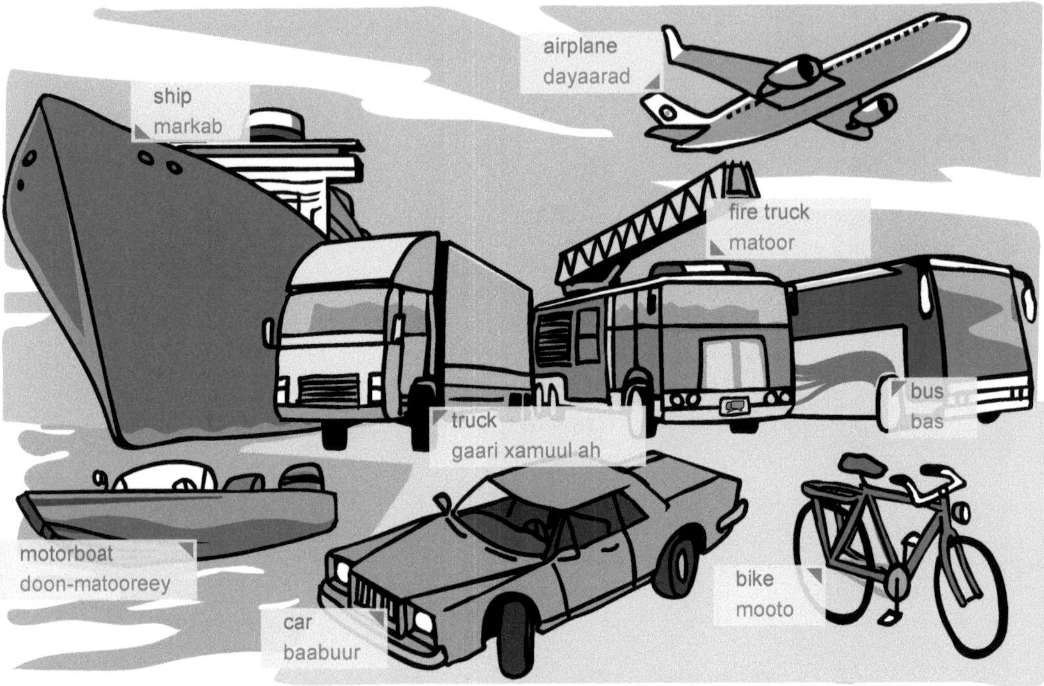

airplane
dayaarad
ship
markab
fire truck
matoor
bus
bas
truck
gaari xamuul ah
motorboat
doon-matooreey
bike
mooto
car
baabuur

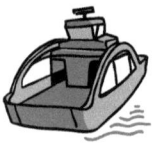

ferry
doon

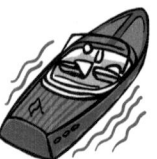

boat
doonnida

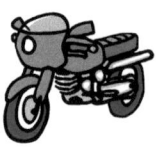

motorbike
mooto

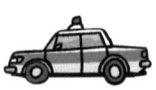

police car
baabuur booliis

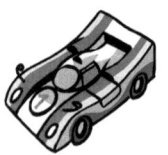

racing car
baabuur baratan

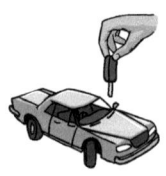

rental car
baabuur la-kiraysto

car sharing

gaadiid-wadaag

tow truck

wiishle

garbage truck

gaari qashin-gure

engine

matoor

fuel

shidaal

fuel station

ajib

traffic sign

calaamad taraafiko

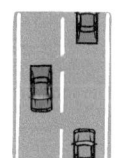

traffic

taraafiko

traffic jam

jaam baabuur

parking lot

baarkin-baabuur

train station

boosteejo tareen

tracks

waddo-tareen

train

lareen

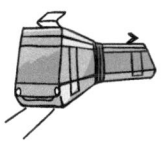

tram

taraam

wagon

gaari faras

helicopter

helikobtar

airport

garoonka dayuuradaha

tower

manaarad

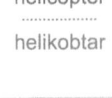

passenger

rakaab

container

weel

carton

kartoon

cart

gaari faras

basket

dambiil

take off / land

kicid / degis

city

magaalo

village

tuulo

city center

faras magaale

house

guri

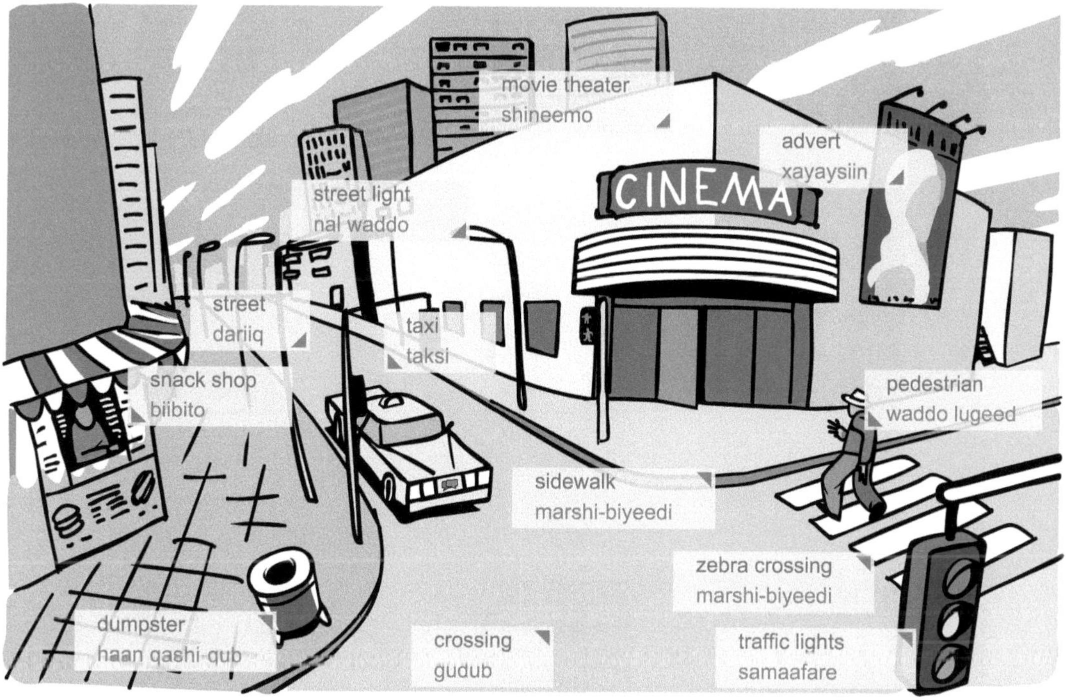

movie theater / shineemo

advert / xayaysiin

street light / nal waddo

CINEMA

street / dariiq

taxi / taksi

pedestrian / waddo lugeed

snack shop / biibito

sidewalk / marshi-biyeedi

zebra crossing / marshi-biyeedi

dumpster / haan qashi-qub

crossing / gudub

traffic lights / samaafare

hut

mundul

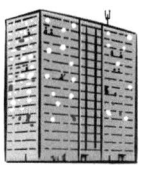

apartment

dabaq

train station

boosteejo tareen

city hall

xarunta dowladda-hoose

museum

matxaf

school

duqsi

university

jaamacad

bank

bangi

hospital

isbitaal

hotel

hoteel

pharmacy

farmasi

office

xafiis

book shop

buug shoob

shop

dukaan

flower shop

dukaan ubax

supermarket

carwo

market

suuq

department store

suuq weyne

fishmonger's shop

kalluun-iibshe

mall

suuq

harbor

furdo

park
jardiino

bench
kursi

bridge
buundo

stairs
jaraanjaro

subway
waddo-tareen-hoosaad

tunnel
waddo-dhul hoose

bus stop
boosteejo

bar
baar

restaurant
makhaayad

postbox
sanduuq boosto

street sign
calaamad waddo

parking meter
joogid-cabbire

zoo
beei-xayawaan

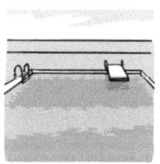

swimming pool
barkad dabbaalasho

mosque
masaajid

farm

beer

pollution

naqas

cemetery

qabuuro

church

kaniisad

playground

garoon

temple

macbad

landscape

muqaal-dhireed

signpost
calaamad-waddo

path
waddo

meadow
seere

stone
dhagax

tree
geed

hiker
buur korre

river
webi

grass
caws

flower
ubax

valley

dooxo

hill

buur

lake

laag

forest

kayn

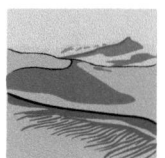

desert

saxare

volcano

foolkaano

castle

qasri

rainbow

qaanso-roobaad

mushroom

barkin-waraabe

palm tree

geed timireed

mosquito

kaneeco

fly

duqsi

ant

qoraanjo

bee

shinni

spider

caaro

beetle

dameer-duudeey

frog

rah

squirrel

dabagaalle

hedgehog

kashiito

hare

dabagaalle

owl

guumeys

bird

shimbir

swan

boolo-boolo

boar

doofaar-jilibeey

deer

deero

moose

faras-duur

dam

biyo-xireen

wind turbine

tamar-dhaliye

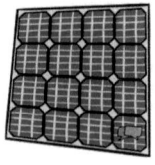

solar panel

soollar

climate

cimilo

restaurant
makhaayad

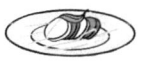

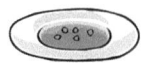

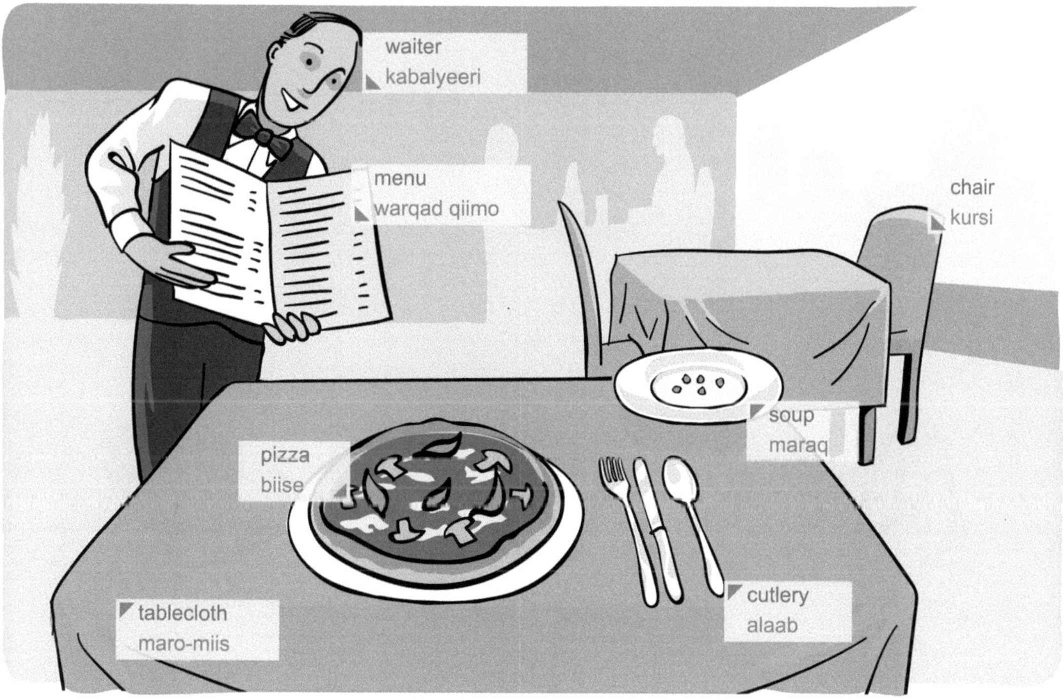
waiter
kabalyeeri
menu
warqad qiimo
chair
kursi
soup
maraq
pizza
biise
cutlery
alaab
tablecloth
maro-miis

starter
af-billow

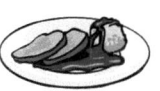

main course
cunto bariimo

dessert
macmacaan

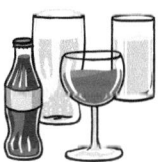

drinks
cabitaan

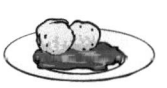

food
cunto

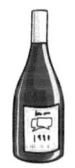

bottle
dhalo

fast food

cunto diyaarsan

street food

cunto-waddo

teapot

jalmad shaah

sugar bowl

weelka sonkorta

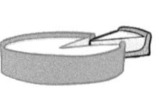

portion

qayb

espresso machine

mashiinka isbareesada

high chair

kursi dheer

bill

biil

tray

tereey

knife

mindi

fork

fargeeto

spoon

qaaddo

teaspoon

malqacad-shaah

serviette

shukumaan miis

glass

galaas

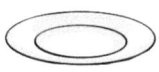

plate

saxan

soup plate

saxanka maraqa

saucer

saxan

sauce

suugo

salt shaker

weelka cusbada

pepper mill

basbaas shiide

vinegar

fixiye

oil

saliid

spices

dhandhanaan

ketchup

suugo

mustard

mastaard

mayonnaise

mayoonees

supermarket

carwo

special offer
qiima dhimis qaas ah
customer
macmiil
dairy products
caano
fruit
miro
shopping cart
gaariga adeega
FOR

BUTCHERS

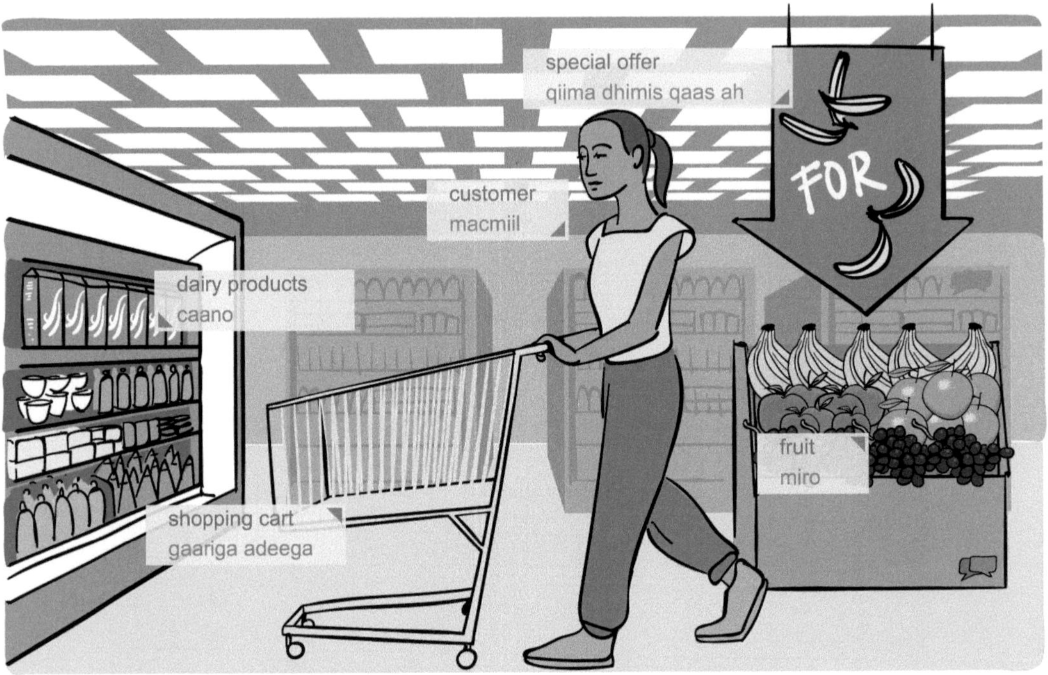

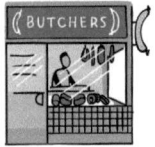

butcher's shop

kawaan

BAKERY

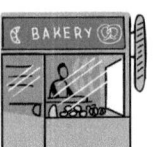

bakery

foorno

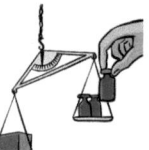

weigh

cabbir

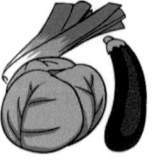

vegetables

khudaar

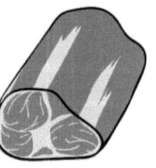

meat

hilib

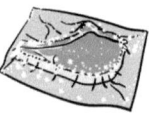

frozen food

cunto la qaboojiyay

cold cuts

hilibka qadada

canned food

cunto gasacadeysan

detergent

oomo

candy

macmacaan

household products

alaabada guri

cleaning products

alaabo nadaafad

sales representative

iibshe

cash register

diiwaan lacagta

cashier

qasnaji

shopping list

liis adeeg

opening hours

saacadaha shaqo

wallet

shandada jeebka

credit card

kaar amaah

bag

bac

plastic baq

bac

water
....
biyo

juice
....
casiir

milk
....
caano

coke
....
kooka-kola

wine
....
khamri

beer
....
biir

alcohol
....
khamri

cocoa
....
kooke

tea
....
shaah

coffee
....
kafee

espresso
....
isberesso

cappuccino
....
koobishiin

banana

muus

apple

tufaax

orange

liin-bambeelmo

melon

qare

lemon

liin

carrot

karooto

garlic

toon

bamboo

baambuu

onion

basal

mushroom

barkin-waraabe

nuts

loos

noodles

baasto

spaghetti

baasto

rice

bariis

salad

salar

fries

jibsi

fried potatoes

baradho shiilan

pizza

biise

hamburger

haambeegar

sandwich

saanwij

escalope

hilib-jiir

ham

hilib-doofaar

salami

salami

sausage

sooseej

chicken

hilib-digaag

roast

duban

fish

kalluun

porridge oats

sareenta mashaarida

muesli

quraac isku-dhafan

cornflakes

daango

flour

bur

croissant

nooc rooti ah

bread roll

rooti

bread

rooti

toast

rooti-la-kulluleeyey

cookies

buskud

butter

subag

curd

hanti

cake

doolsho

egg

ukun

fried egg

ukun shiilan

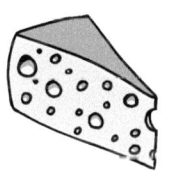

cheese

burcad

ice cream

jalaato

sugar

sonkor

honey

malab

jelly

malmalaado

nougat cream

labeen macmacaan

curry

suugo

farm
beer

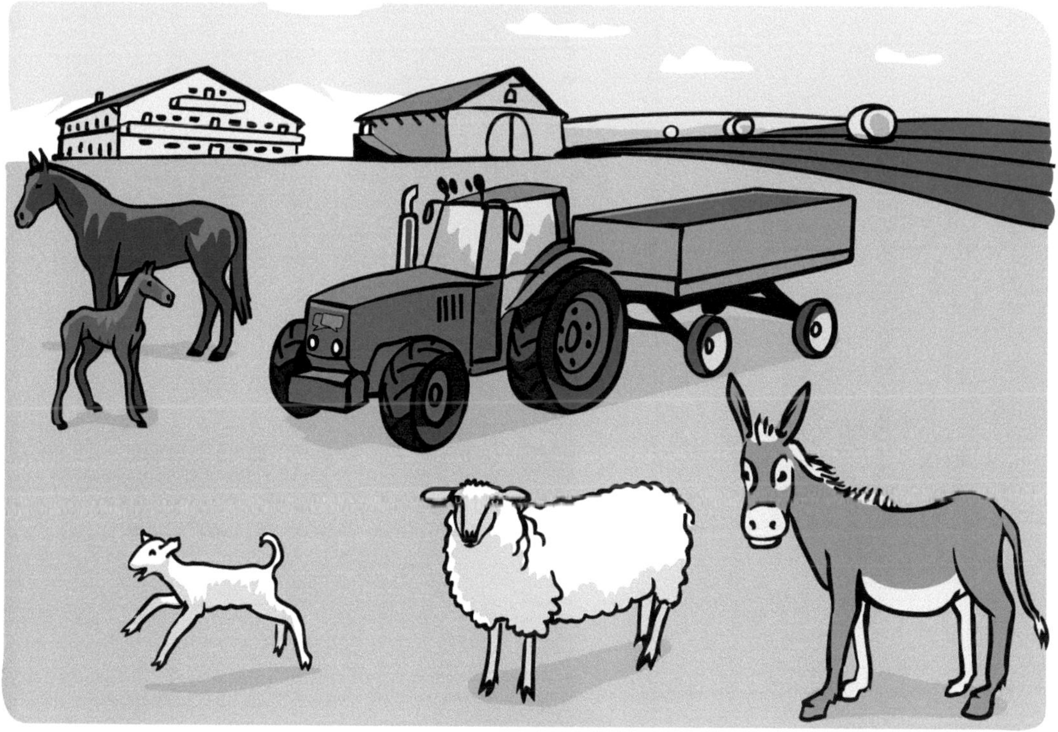

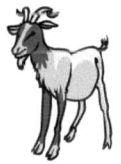

goat

ri'

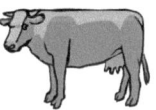

cow

sac

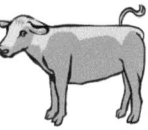

calf

weyl

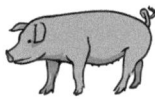

pig

doofaar

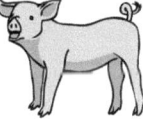

piglet

dhal doofaar

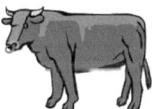

bull

dibi

goose

bawaato lab

duck

bawaato

chick

jiijiile

hen

digaag

cockerel

diiq

rat

doolli

cat

bisad

mouse

jiir

ox

dibi

dog

eey

dog house

hoyga eeyga

garden hose

tuubbo waraab

watering can

sakeelka waraabinta

scythe

gudin

plow

carro-roge

sickle

gudin

hoe

yaambo

pitchfork

fargeeto caws-beereed

axe

faas

pushcart

gaari -gacan

trough

dar

milk can

dhalada caanaha

sack

jawaan

fence

deer

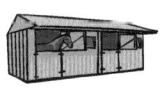

stable

xero xooleed

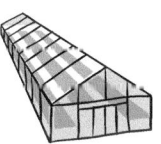

greenhouse

gur-biqlin-dhireed

soil

ciidda

seed

abuuka

fertilizer

bacrimiye

combine harvester

cagafta beer-goynta

harvest

beer-goyn

harvest

beer-gooyn

yams

moxog

wheat

sarreen

soya

soya

potato

baradho

corn

galley

rapeseed

geed-saliideed

fruit tree

geed mirood

manioc

moxog

grain

firiley

living room

qol jiib

bathroom

musqul-qubeys

kitchen

jiko

bedroom

qolka jiifka

kids room

qolka ilmaha

dining room

qolka cuntada

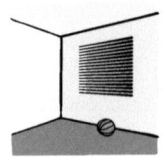

floor

sagxad

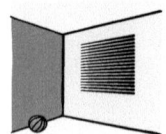

wall

derbi

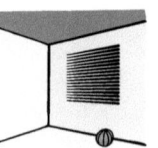

ceiling

saqaf

cellar

makhaasiin

sauna

soona

balcony

balakoon

terrace

daarad

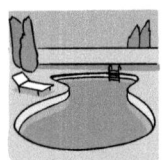

pool

barkad

lawn mower

caws-jare

sheet

buste

bedspread

go'

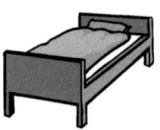

bed

sariir

broom

xaaqin

bucket

baaldi

switch

daare-damiye

living room
qol jiib

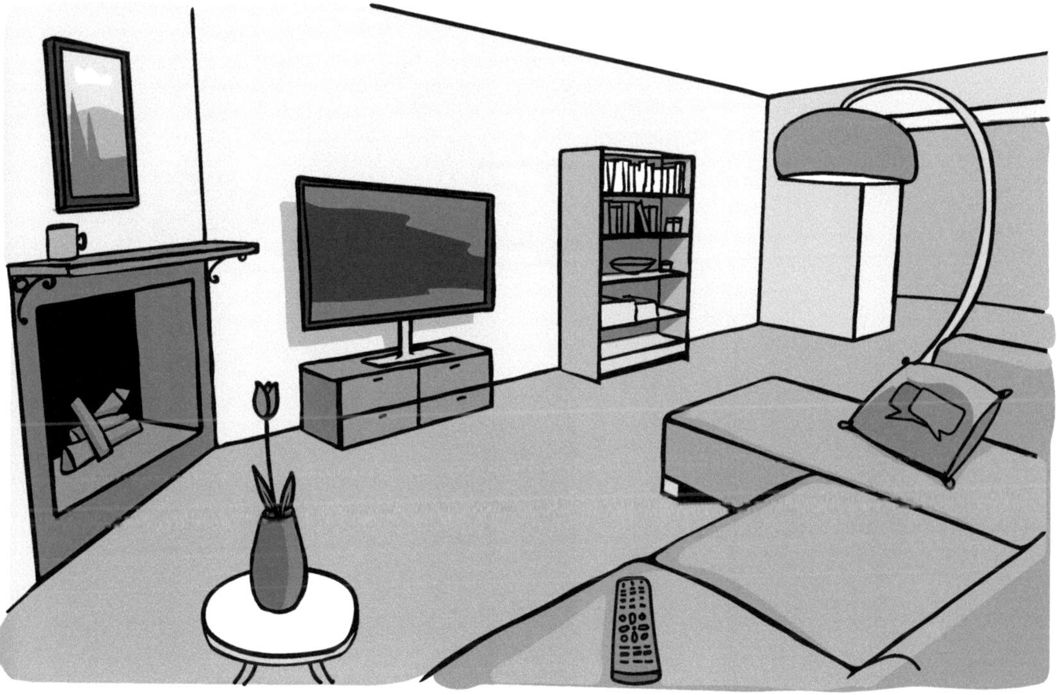

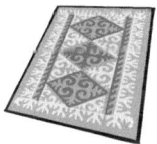

carpet

roog

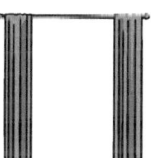

drape

daah

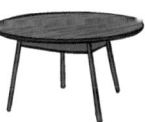

table

miis

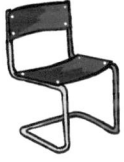

chair

kursi

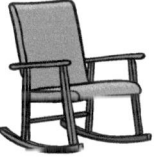

rocking chair

kursi wareega

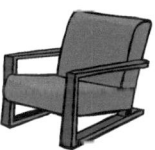

armchair

kursi fadhi

book

buug

blanket

buste

decoration

qurxin

firewood

xaabo

film

filin

stereo system

cod-baahiye

key

fure

newspaper

wargeys

painting

rinjiyeyn

poster

tabeelo

radio

raadiye

notebook

xusuus-qor

vacuum cleaner

huufar

cactus

tiitiin

candle

shumac

kitchen
jiko

fridge
qaboojiye
microwave oven
kululeeyso
kitchen scales
miisaan-yaraha jikada
toaster
rooti-kululeeye
laundry detergent
oomo
stove
burjiko
freezer
qaboojiye
dishwasher
maacuun-dhaqe

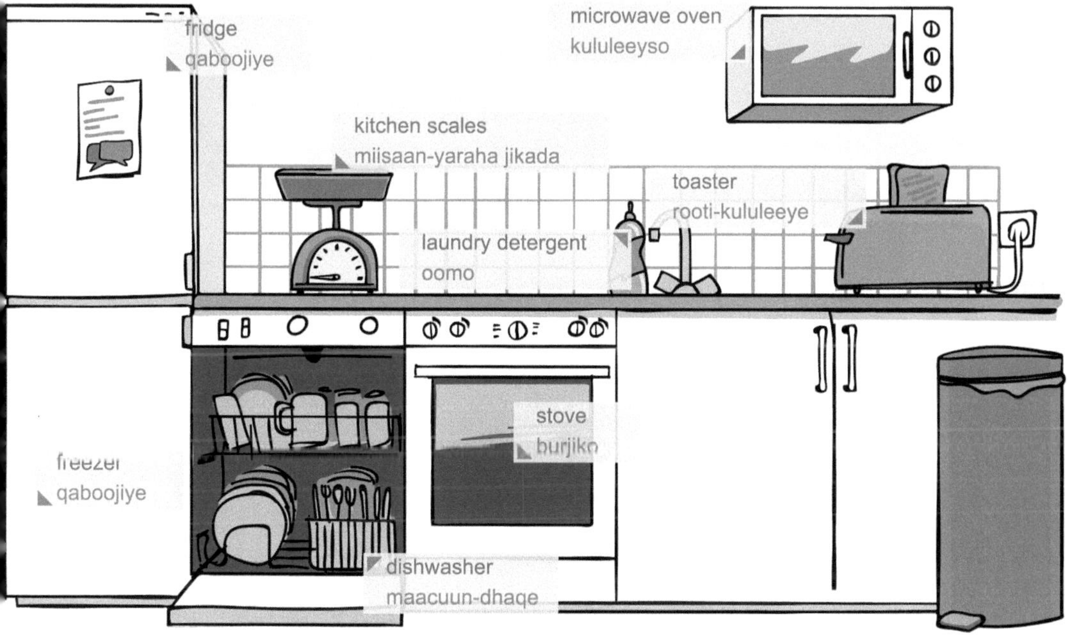

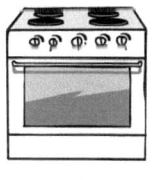

cooker

kuuker

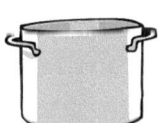

pot

dheri

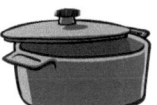

cast-iron pot

birtaawo

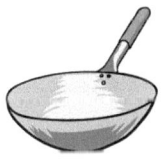

wok / kadai

birtaawo

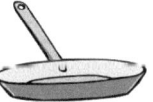

pan

birtaawo

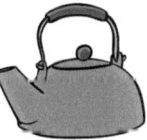

kettle

kirli

steamer

uumiye

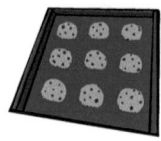

baking tray

saxaarad dubista

crockery

maacuun

mug

bakeeri

bowl

baaquli

chopsticks

qoryo wax lagu cuno

ladle

malqacad

spatula

qaado

whisk

folow

strainer

miire

sieve

shashaq

grater

qudaar-jare

mortar

mooye

barbecue

hilib-sol

fireplace

dab

chopping board

alwaaxa wax-jar-jarka

rolling pin

ul jabaati

corkscrew

guf-saare

can

gasac

can opener

gasac-fure

oven cloth

istaraasho-jiko

sink

saxanka-alaab-dhaqa

brush

caday

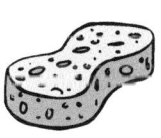

sponge

isbuunyo

blender

shiide

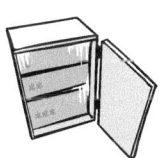

deep freezer

qaabojin qoto-dheer

baby bottle

masaasad

tap

tuubbo

bathroom
musqul-qubeys

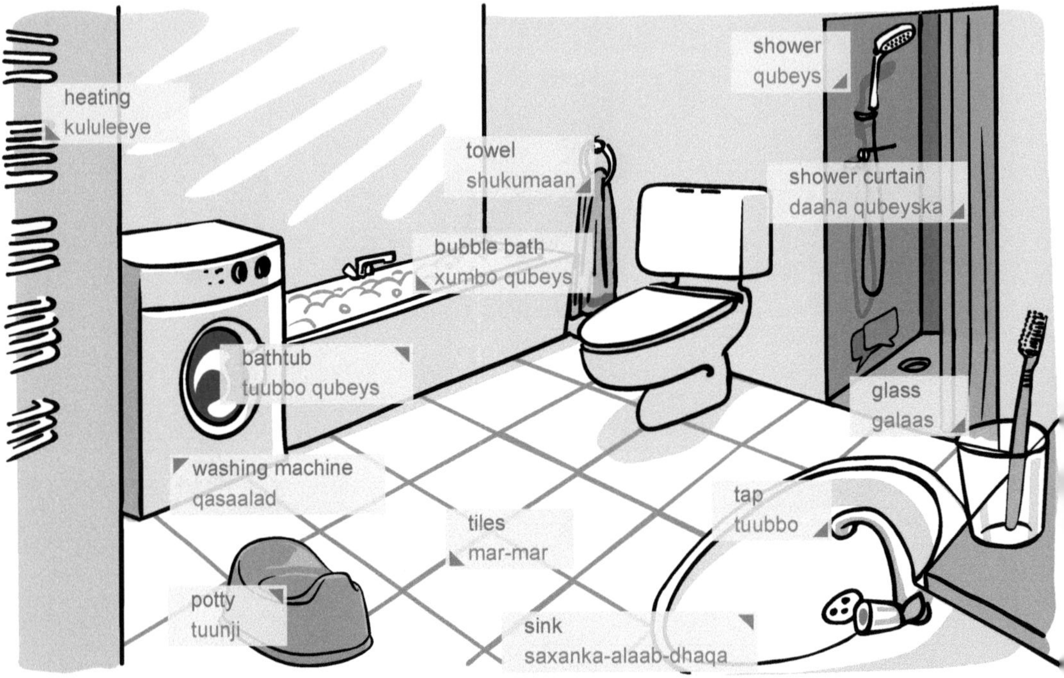

heating
kululeeye
shower
qubeys
towel
shukumaan
shower curtain
daaha qubeyska
bubble bath
xumbo qubeys
bathtub
tuubbo qubeys
glass
galaas
washing machine
qasaalad
tap
tuubbo
tiles
mar-mar
potty
tuunji
sink
saxanka-alaab-dhaqa

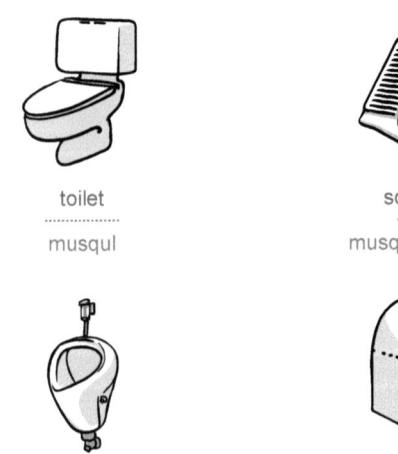

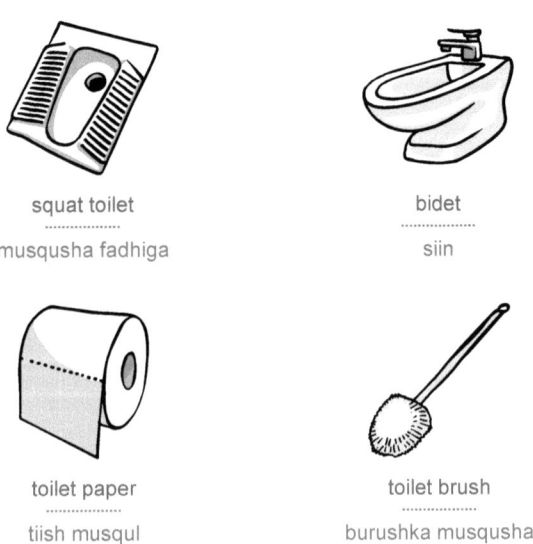

toilet

musqul

squat toilet

musqusha fadhiga

bidet

siin

urinal

weel kaadi

toilet paper

tiish musqul

toilet brush

burushka musqusha

toothbrush

caday

toothpaste

daawo caday

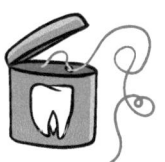

dental floss

dunta ilka farashada

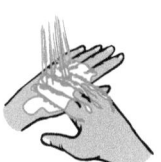

wash

dhaq

hand shower

gacan qubeys

douche

tuubo-musqul

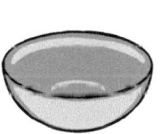

basin

beeshin

back brush

burush-qubeys

soap

saabuun

shower gel

shaambo

shampoo

shaambo

flannel

cago-saar

drain

biyo-saare

creme

kareem

deodorant

carfiso

mirror

muraayad

hand mirror

muraayad gacmeed

razor

sakiin

shaving foam

xumbada xiirashada

aftershave

daawo gar-xiir

comb

shanlo

brush

burush

hair-dryer

fooneeye

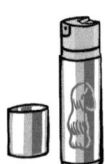

hairspray

timo-buufis

makeup

waji-qurxiye

lipstick

rooseeto

nail varnish

cidiyo-nadiifiye

cotton wool

dun

nail scissors

cidiyo-jar

perfume

baarafuun

washbag

boorso-wajidhaq

stool

saxaro

weighing scales

miisaan culays

bathrobe

dhar-qubeys

rubber gloves

gacma gashi cinjir

tampon

tambooni

sanitary towel

tiimshe

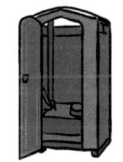

chemical toilet

musqul kiimiko

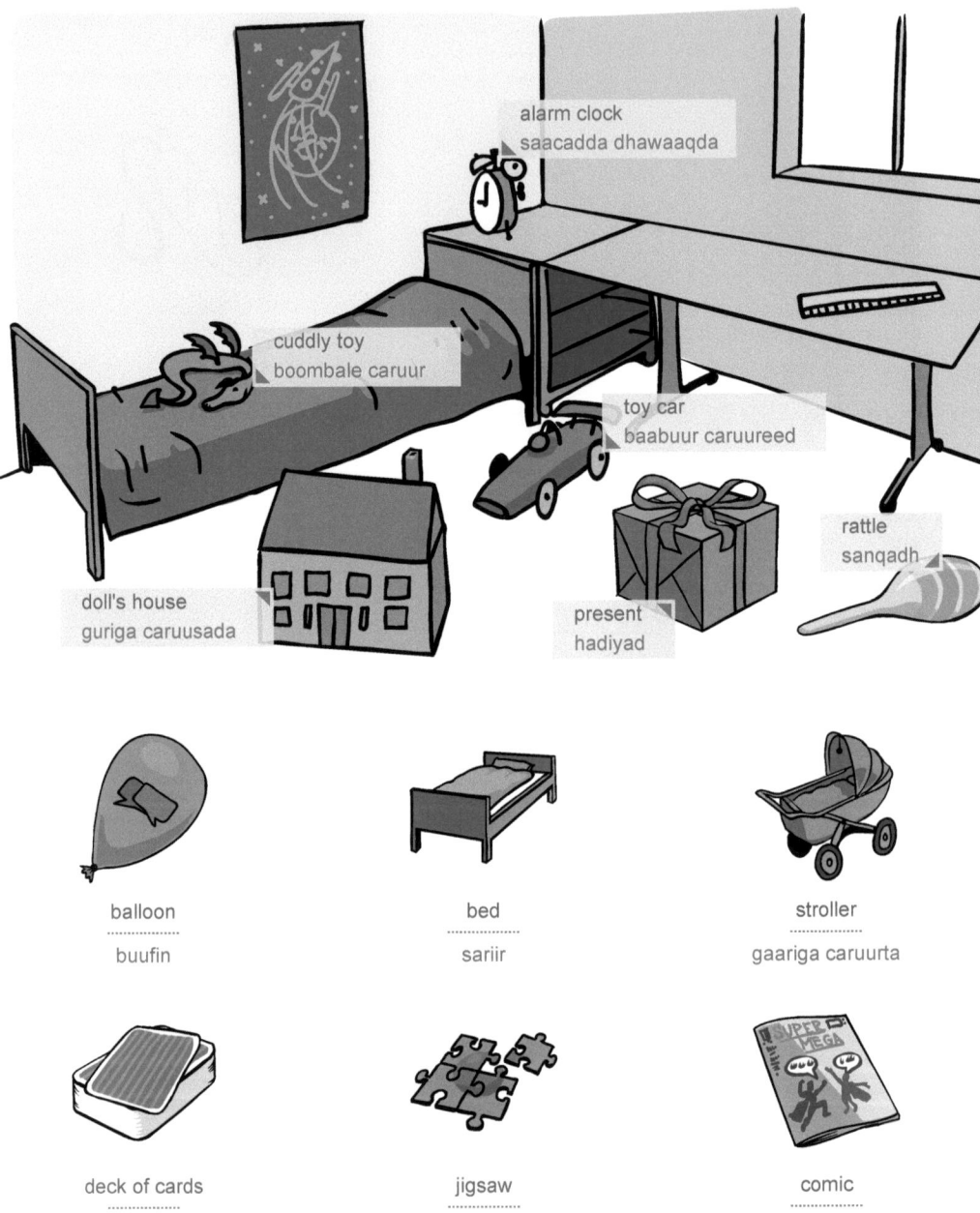

alarm clock
saacadda dhawaaqda

cuddly toy
boombale caruur

toy car
baabuur caruureed

rattle
sanqadh

doll's house
guriga caruusada

present
hadiyad

balloon	bed	stroller
buufin	sariir	gaariga caruurta

deck of cards	jigsaw	comic
turub	miinshaar	maad

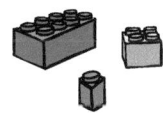

lego bricks

bulkeeti boombale ah

toy blocks

tooy

action figure

sanam

romper suit

isku-jooga dhallaanka

frisbee

aalad cayaar

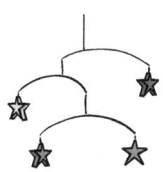

mobile

moobaayl

board game

khamaar

dice

laadhuu

model train set

moodo tareen

pacifier

boombale

party

xaflad

picture book

buug sawirro

ball

kubbad

doll

boombale

play

cayaar

sandpit

dhoobo-dhoobeey

swing

wiifoow

toys

alaab-alaabeey

video game console

geemka gacanta laga hago

tricycle

baaskiil

teddy bear

boombale

wardrobe

armaajo dhar

clothing

dhar

socks

sigisaan

stockings

sigsaan haween

tights

surwaal-dhuuqsan

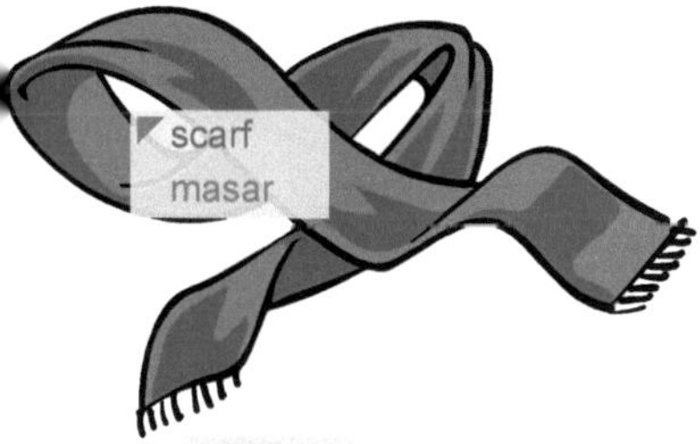

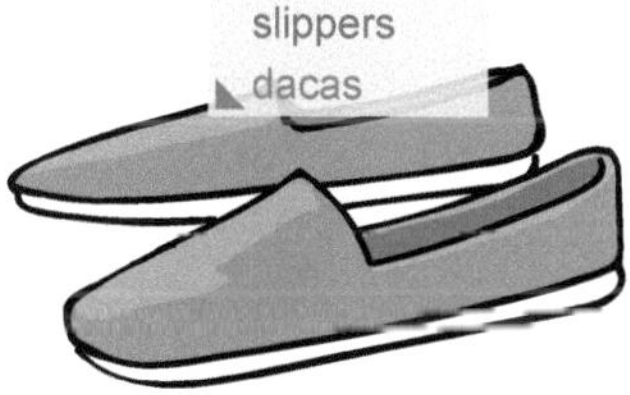

scarf
masar

umbrella
dallad

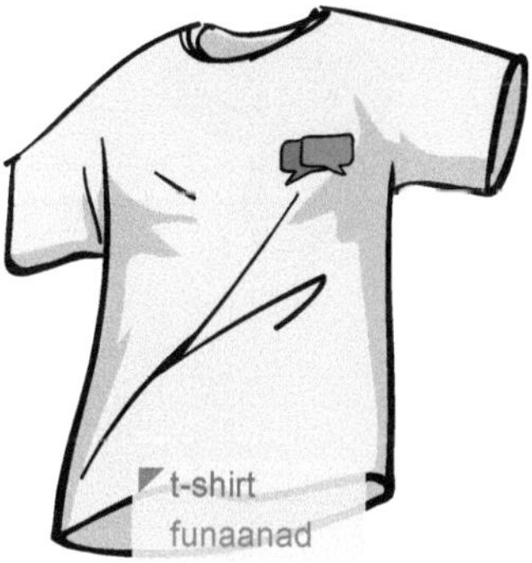

t-shirt
funaanad

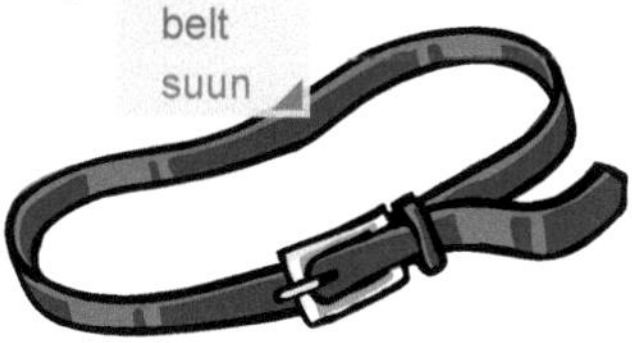

belt
suun

boots
kabo buud

slippers
dacas

sneakers
kabo tababar

sandals
saandalo

shoes
kabo

rubber boots
kabo roob

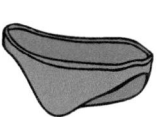

underwear
hoos-gashi

bra
rajabeeto

undershirt
garan

body

jir

pants

surwaal

jeans

surwaal jeenis

skirt

goono

blouse

canbuur

shirt

shaati

pullover

funaanad-dhaxameed

sweater

garan dhaxameed

blazer

jaakad fudud

jacket

jaakad

coat

koodh

raincoat

koodhka roobka

costume

dhar-munaasabadeed

dress

labbis

wedding dress

lebbis aroos

suit

suut

nightgown

dhar-hurdo

pajamas

bajaamo

sari

saari

headscarf

masar

turban

cimaamad

burka

cabaayad

kaftan

saako

abaya

cabaayad

swimsuit

dharka-dabaasha

trunks

dabo-gaabyo

shorts

surwaal-dabagaab

tracksuit

taraak-suut

apron

dufan-dhowr

gloves

gacmo gashi

button

galluus

glasses

ookiyaale

bracelet

jijin

necklace

silis

ring

faraati

earring

dhego dhego

cap

koofiyo

coat hanger

katabaan

hat

koofiyad

tie

garabaati

zip

jiinyeer

helmet

helmed

braces

ilko-reeb

school uniform

direes dugsi

uniform

direes

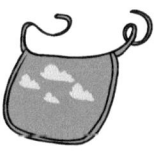

bib

cayo-dhowr

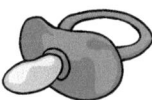

pacifier

boombale

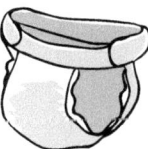

diaper

maro-dufeed

office

xafiis

server
khad-bixiye
filing cabinet
armaajo feylal
printer
daabace
paper
warqad
monitor
shaashad
mouse
hage kombuyuutar
desk
miis
folder
gal
keyboard
teeb-kombuyuutar
waste-paper basket
haan qashin-gur
computer
kombuyuutar
chair
kursi

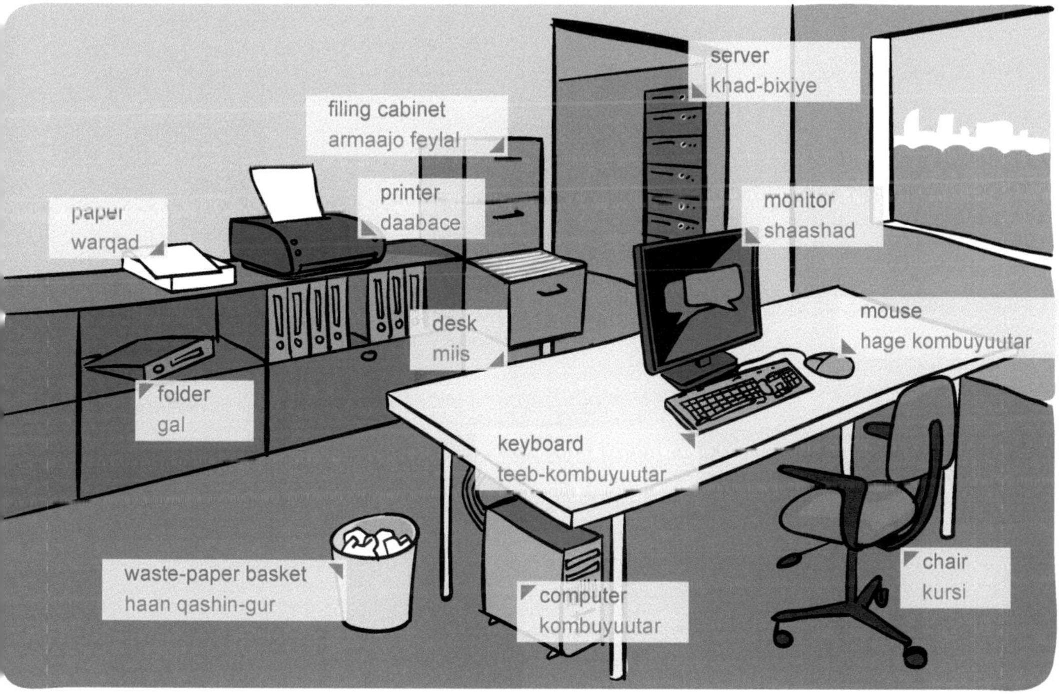

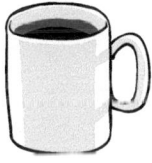

coffee mug

koob kafee

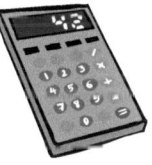

calculator

kalkuleytar/xisaabiye

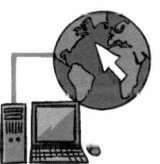

internet

internet

laptop

laabtoob

letter

bakhshad

message

fariin

cell phone

moobaayl

network

shabakad-kombuyuutar

photocopier

footokoobi

software

barnaamij-kombuyuutar

telephone

telefoon

plug socket

god koronto

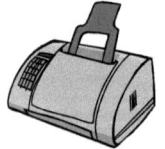

fax machine

mishiinkan fax-ka

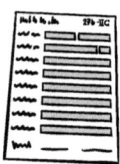

form

foomka

document

dokumenti

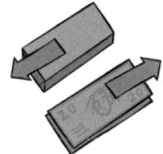

buy

iibso

pay

bixi

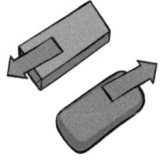

trade

ganacso

money

lacag

dollar

doollar

euro

yuuro

yen

yenka jabbaan

rouble

robolka ruushka

Swiss franc

Franka iswiiska

renminbi yuan

lacagta shiinaha

rupee

rubiyada hindiga

cash point

maqal

currency exchange office

xafiiska sarrifaka lacagaha

gold

dahab

silver

qalin

oil

shidaal

energy

tamar

price

qiime

contract

qandaraas

tax

canshuur

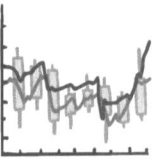

stock

raasumaal

work

shaqee

employee

shaqaale

employer

shaqaaleysiiye

factory

warshad

shop

dukaan

occupations
shaqooyin

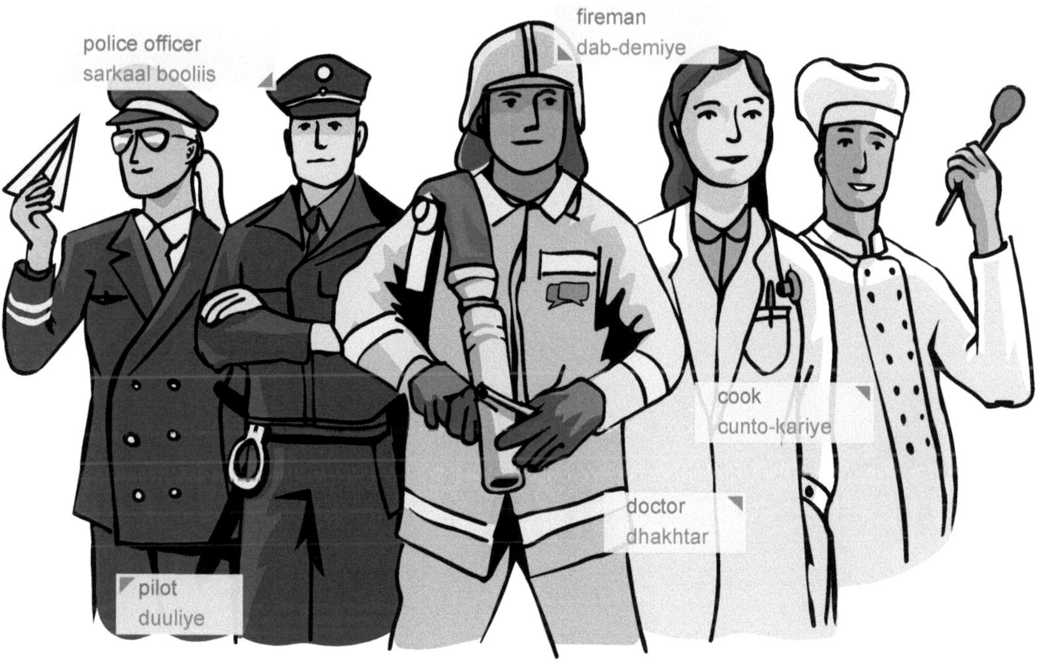

fireman
dab-demiye
police officer
sarkaal booliis
cook
cunto-kariye
doctor
dhakhtar
pilot
duuliye

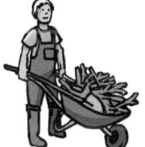

gardener

beeralley

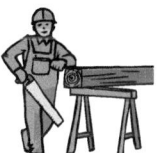

carpenter

nijaar

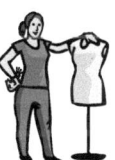

seamstress

timo-qurxiso

judge

qaaddi

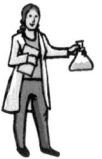

chemist

farmashiiste

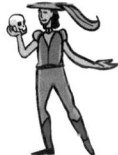

actor

jile

bus driver	taxi driver	fisherman
darawal bas	taksiile	kalluumeyste

cleaning lady	roofer	waiter
nadiifiso	saqaf-dhise	kabalyeeri

hunter	painter	baker
ugaarsade	rinjiile	rooti-dube

electrician	builder	engineer
koronto-yaqaan	dhise	injineer

butcher	plumber	postman
kawaanle	tuubbiiste	boostaale

soldier

askari

architect

injineer-dhismo

cashier

qasnaji

florist

ubax-yaqaan

hairdresser

timo-jare

conductor

kiro-uruuriye

mechanic

makaanik

captain

kabtan

dentist

dhakhtar-ilko

scientist

saaynisyahan

rabbi

wadaad yahuud

imam

imaam

monk

xerow

pastor

wadaad

tools

qalab

hammer
dubbe
pliers
biinsi
screwdriver
kashawiito
wrench
kiyaawe
torch
toosh

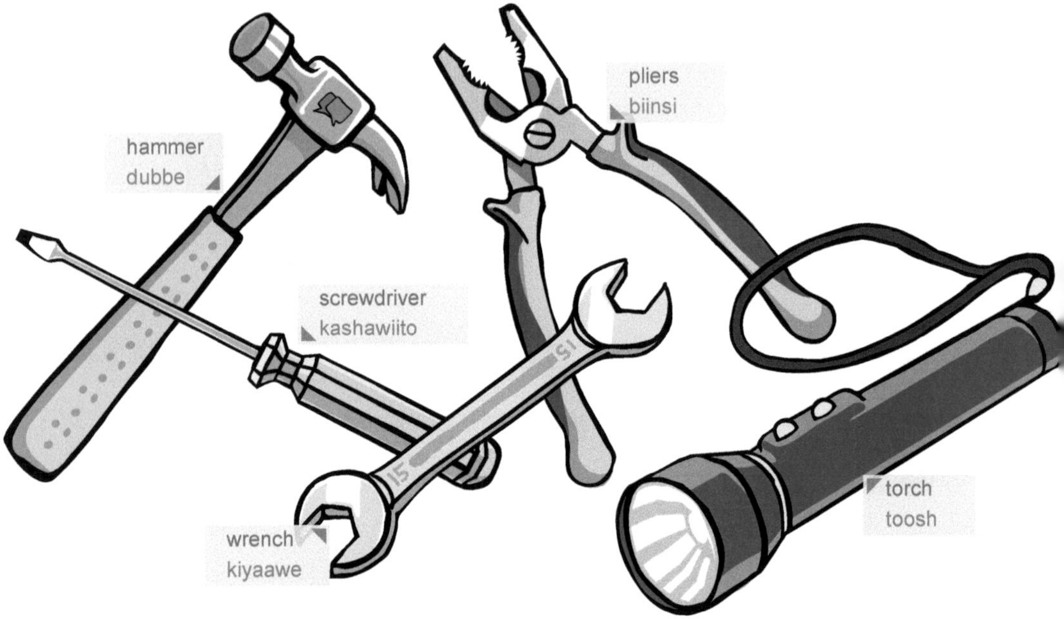

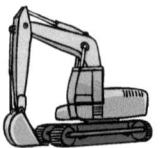

excavator

dhul-qoddo

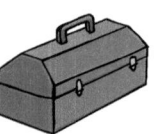

toolbox

qalab-xajiye

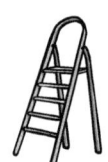

ladder

jaraanjaro

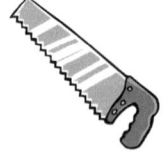

saw

miinshaar

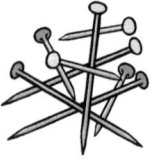

nails

musbaarro

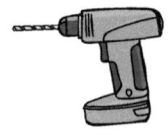

drill

dalooliye

repair

dayactir

shovel

badiil

Damn!

inkaar kugu dhacday!

dustpan

bus-xaabiye

paint can

gasacad rinji

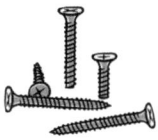

screws

boolal

musical instruments
qalab muusiko

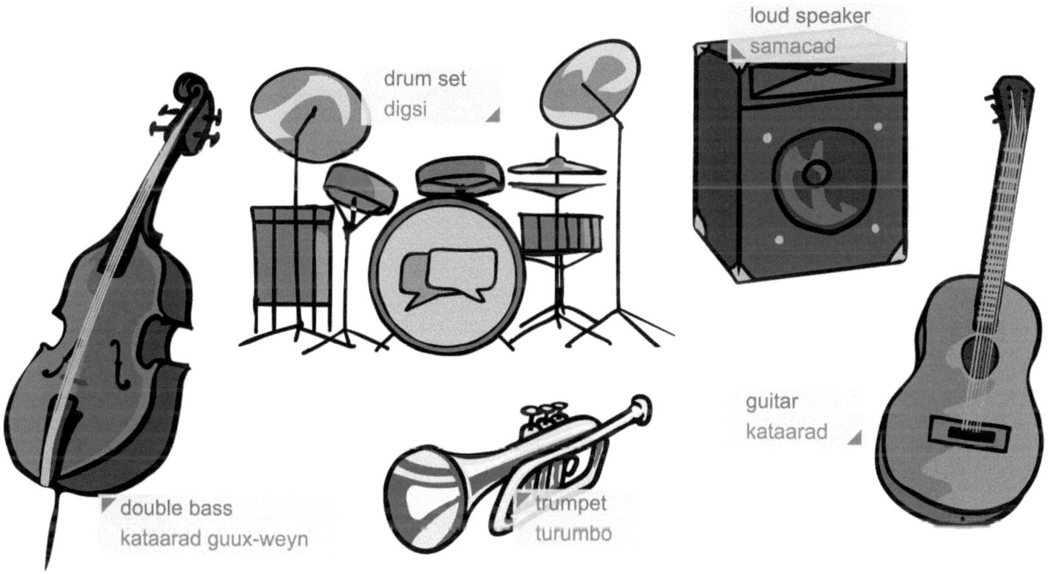

drum set
digsi

loud speaker
samacad

guitar
kataarad

double bass
kataarad guux-weyn

trumpet
turumbo

piano

biyaano

violin

fiyooliin

bass

karaarad guux-dheer

timpani

durbaan-sheegagle

drums

durbaan

keyboard

loox-xarfeed-biyaano

saxophone

turumbo

flute

siin-baar

microphone

makarafoon

entrance
irrid

tiger
shabeel

cage
qafis

zebra
dameer-tarow

animal feed
baad-xayawaan

panda
baanda

animals
xayawaan

elephant
maroodi

kangaroo
kaangaruu

rhino
wiyil

gorilla
goriille

bear
oorso

camel

geel

ostrich

gorayo

lion

libaax

monkey

daanyeer

flamingo

xiita-luga-dheer

parrot

baqbaqaa

polar bear

oorso baraf-ku-nool

penguin

shimbir baraf

shark

libaax-badeed

peacock

daa'uus

snake

mas

crocodile

yaxaas

zookeeper

beer-xayawaan ilaaliye

seal

bahal kalluun-cun

jaguar

shabeel-u-eke

pony

dhal faras

leopard

harmacad

hippo

jeer

giraffe

geri

eagle

gorgor

boar

doofaar-jilibeey

fish

kalluun

turtle

qubo

walrus

maroodi-badeed

fox

dawaco

gazelle

deero

American football
kubadda-cagta maraykanka

cycling
tartanka bashkuleetiga

tennis
kubbadda miiska

basketball
kubbadda koleyga

swimming
dabaal

boxing
cayaarta feerka

ice hockey
hookiga barafka lagu dhee

soccer
kubadda cagta

badminton
baadminton

athletics
ciyaaraha fudud

handball
kubadda gacanta

skiing
iskii/ciyaarta barafka

polo
cayaar-faras

jump
boodid

hug
hab-siin

laugh
qosol

sing
hees

walk
soco

pray
duceyso

kiss
dhunkasho

dream
riyo

write
qorraxeed

draw
masawirid

show
muuji

push
riix

give
sii

take
qaado

activities - hawlo

have
haysasho

do
samee

be
ahaansho

stand
istaag

run
orod

pull
jiid

throw
tuur

fall
dhicid

lie
been-sheegid

wait
sug

carry
qaad

sit
fariiso

get dressed
labiso

sleep
seexo

wake up
toos

look at

fiiri

cry

ooy

stroke

dhuftay

comb

shanleyso

talk

hadal

understand

faham

ask

weydii

listen

dhageysasho

drink

cab

eat

cun

tidy up

habee

love

jacayl

cook

kari

drive

kaxee

fly

duulid

sail

shiraaco

calculate

xisaabi

read

akhri

learn

barasho

work

shaqee

marry

guurso

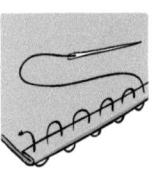

sew

tol

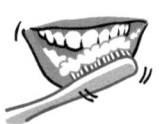

brush teeth

cadayso

kill

dilid

smoke

sigaar cab

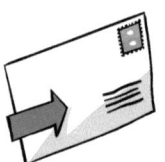

send

dir

family

qoys

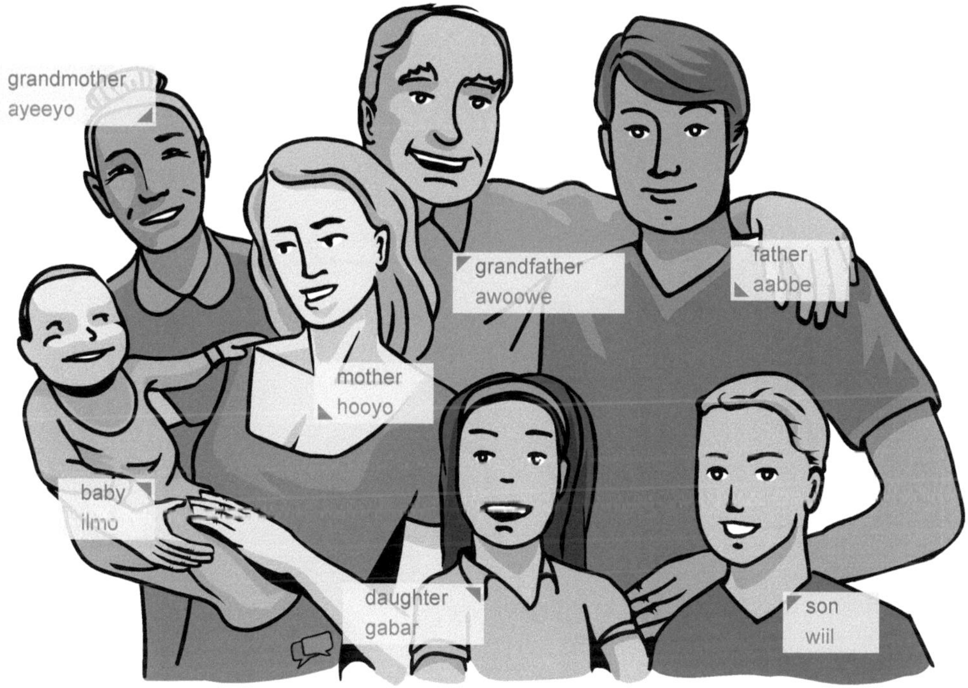
grandmother
ayeeyo
grandfather
awoowe
father
aabbe
mother
hooyo
baby
ilmo
daughter
gabar
son
wiil

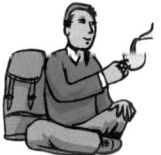

guest

marti

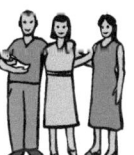

aunt

eeddo

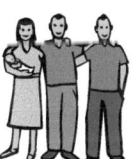

uncle

adeer

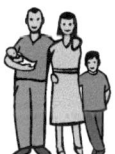

brother

walaal rag

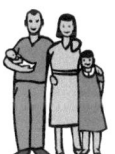

sister

walaal dumar

body
jir

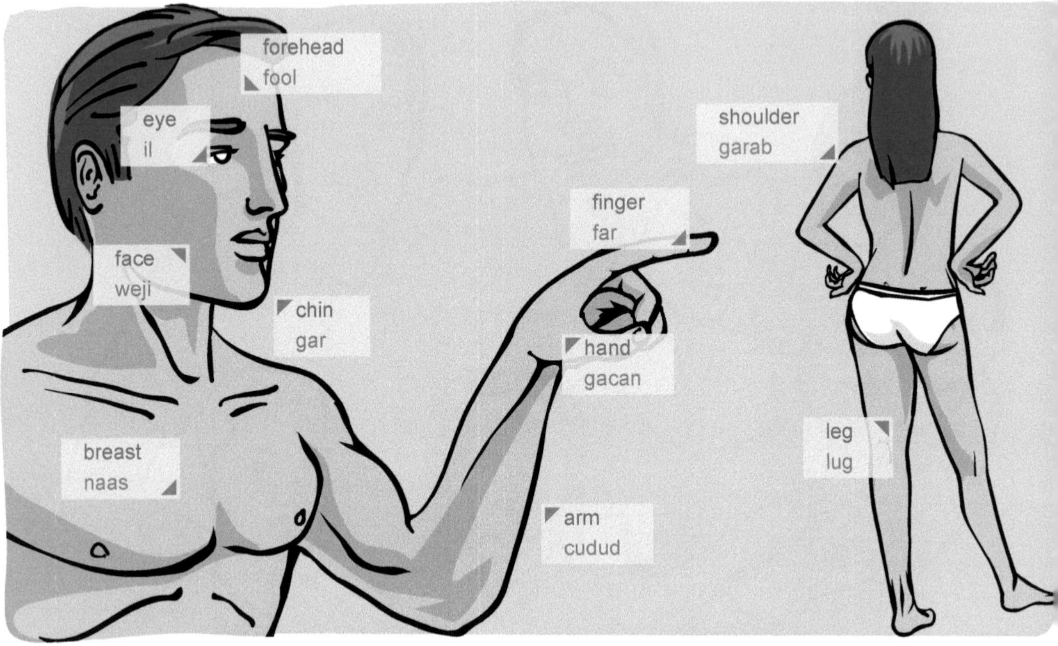

forehead
fool

eye
il

shoulder
garab

finger
far

face
weji

chin
gar

hand
gacan

breast
naas

leg
lug

arm
cudud

baby

ilmo

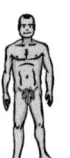

man

nin

woman

naag

girl

gabar

boy

wiil

head

madax

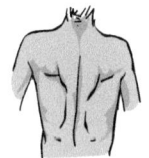

back

dhabar

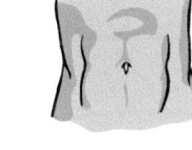

belly

calool

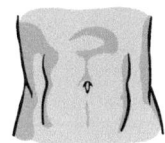

navel

xuddun

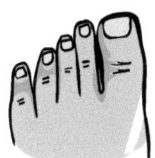

toe

suul

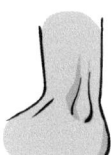

heel

cirib

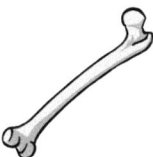

bone

laf

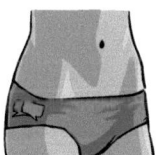

hip

sin

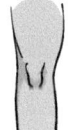

knee

jilib

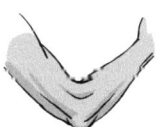

elbow

xusul

nose

san

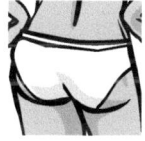

buttocks

bari

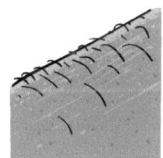

skin

maqaar

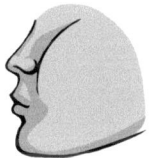

cheek

dhafoor

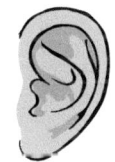

ear

dheg

lip

bishin

mouth

af

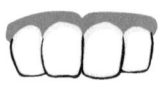

tooth

ilig

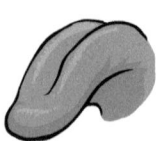

tongue

carrab

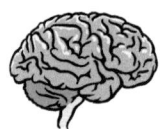

brain

maskax

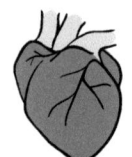

heart

wadno

muscle

muruq

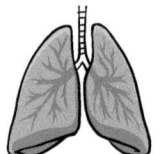

lung

sambab

liver

beer

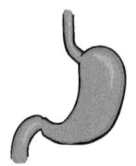

stomach

uur kujirta caloosha

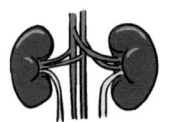

kidneys

kelyo

sex

galmo

condom

cinjir-galmo

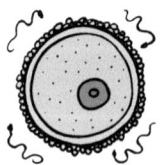

ovum

ugxan

semen

shahwo

pregnancy

uur

body - jir

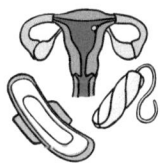

menstruation

caado

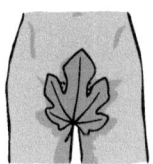

vagina

siil

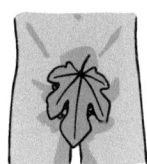

penis

gus

eyebrow

suni

hair

timo

neck

qoor

hospital
isbitaal

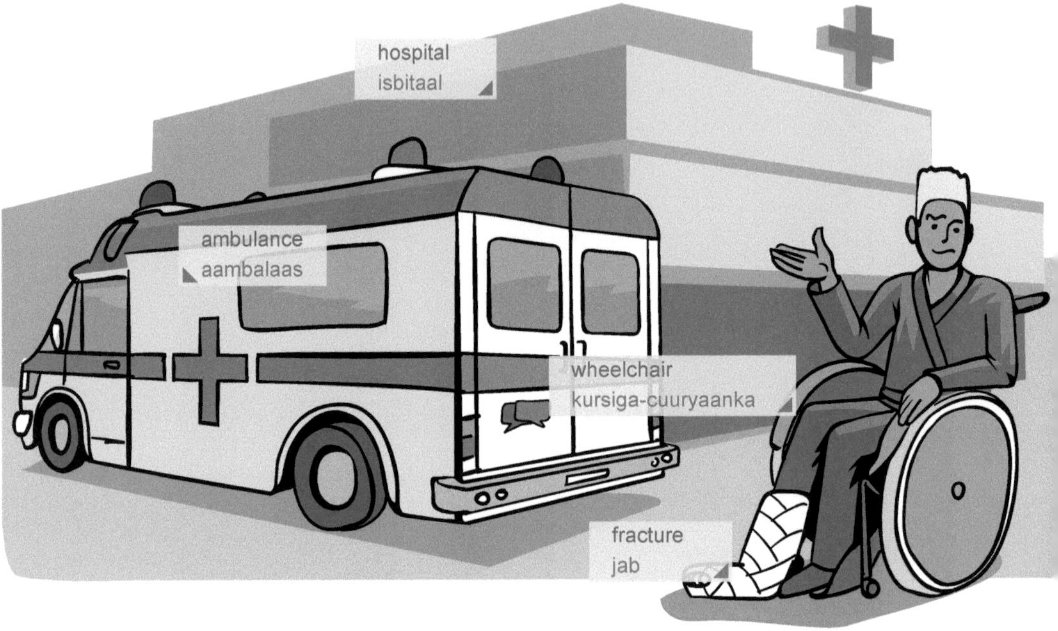

hospital
isbitaal
ambulance
aambalaas
wheelchair
kursiga-cuuryaanka
fracture
jab

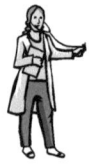

doctor

dhakhtar

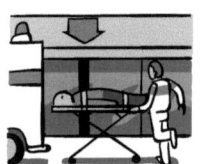

emergency room

qolka xaaladaha-degdega ah

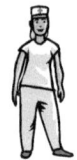

nurse

kalkaaliye

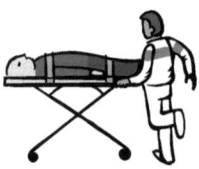

emergency

xaalad deg-deg ah

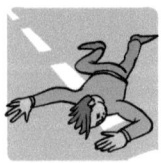

unconscious

miyir-beelsan

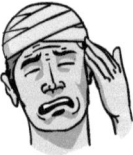

pain

xanuun

injury

dhaawac

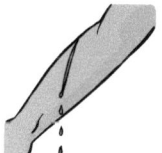

bleeding

dhiig-bax

heart attack

wadno-xanuun

stroke

qallal

allergy

xasaasiyad

cough

qufac

fever

qandho

flu

hargab

diarrhea

shuban

headache

madax-xanuun

cancer

kansar

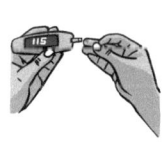

diabetes

cudurka sokoroow

surgeon

dhakhtarka-qalliinka

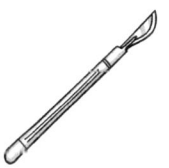

scalpel

mindida qalliinka

operation

qalliin

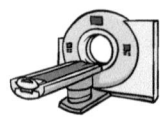

CT

iskaan

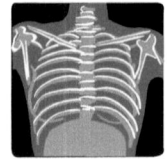

x-ray

raajo

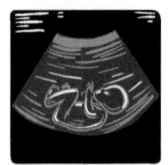

ultrasound

dhawaaq-xawaareed

face mask

maaskaro

disease

cudur sokoroow

waiting room

qolka sugitaanka

crutch

ul lagu boodo

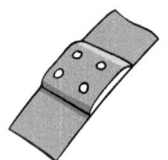

plaster

kab

bandage

faashato

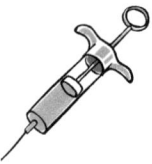

injection

duris

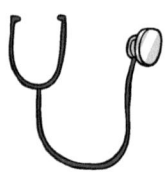

stethoscope

wadne-dhegeyeste

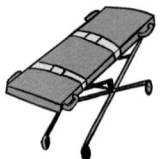

stretcher

balankiino

clinical thermometer

heer-kul-beega qandhada

birth

dhalasho

overweight

aad-u-cayilan

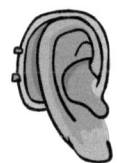

hearing aid

maqal-caawiye

disinfectant

jeermis-dile

infection

caabuq

virus

feyras

HIV / AIDS

AYDHIS/HIV

medicine

daawo

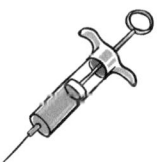

vaccination

tallaal

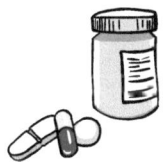

tablets

kaniiniyo

pill

kaniin

emergency call

wicitaan deg-deg ah

blood pressure monitor

cabbiraha dhiig-karka

ill / healthy

xanuunsan / caafimaadsan

Help!

i caawiya!

alarm

sawaxan

assault

weerar-kadisa ah

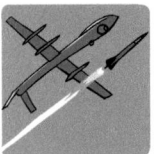

attack

weerar

danger

khatar

emergency exit

irridda bixida xaalad-deg-
deg

Fire!

dab!

fire extinguisher

dab demiye

accident

shil

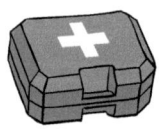

first-aid kit

saduuqa xaalada-degdega
ah

SOS

codsi badbaado

police

booliis

Europe

Yurub

North America

woqooyiga ameerika

South America

koonfurta ameerika

Africa

Afrika

Asia

Aasiya

Australia

Oostareeliya

Atlantic

Atlaantik

Pacific

Pacific

Indian Ocean

Bad-waynta hindiya

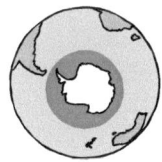

Antarctic Ocean

Bad-waynta antarctica

Arctic Ocean

Bad-waynta arctic

North pole

cirifka waqooyi

South pole

cirifka koonfureed

Antarctica

Antarctica

earth

dhul

land

dhul

sea

bad

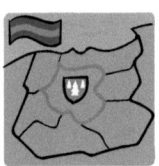

island

jasiirad

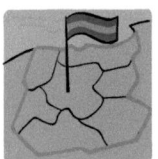

nation

waddan

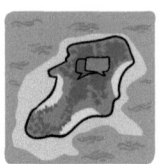

state

gobol

clock face

wajiga saacadda

hour hand

gacanka saacada

minute hand

gacanka daqiiqada

second hand

gacanka ilhiriqsiga

What time is it?

waa inlee saac?

day

maalin

time

wakhti

now

hadda

digital watch

saacadda jiifarrada

minute

daqiiqad

hour

saacad

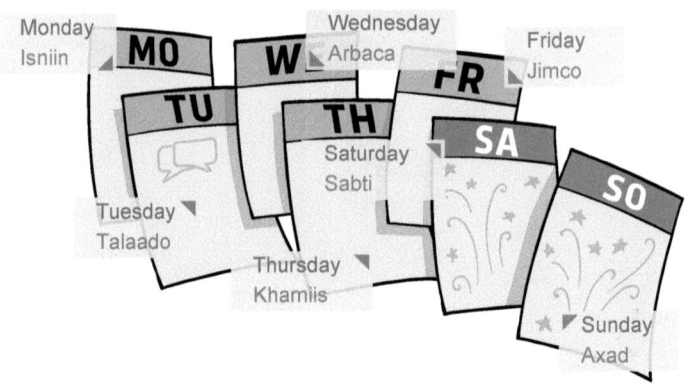

Monday — Isniin
Wednesday — Arbaca
Friday — Jimco
Saturday — Sabti
Tuesday — Talaado
Thursday — Khamiis
Sunday — Axad

yesterday

shalay

today

maanta

tomorrow

berri

morning

subax

noon

duhur

evening

casir

workdays

maalmaha shaqo

weekend

dabayaaqada usbuuca

year
sanad

rain
roob
spring
gu'
summer
xagaa
wind
dabayl
fall
deyr
snow
roob-baraf
winter
jiilaal

4.APRIL 11°
5.APRIL 4°
6.APRIL 13°
7.APRIL 8°
8.APRIL 10°
weather forecast

saadaal hawo

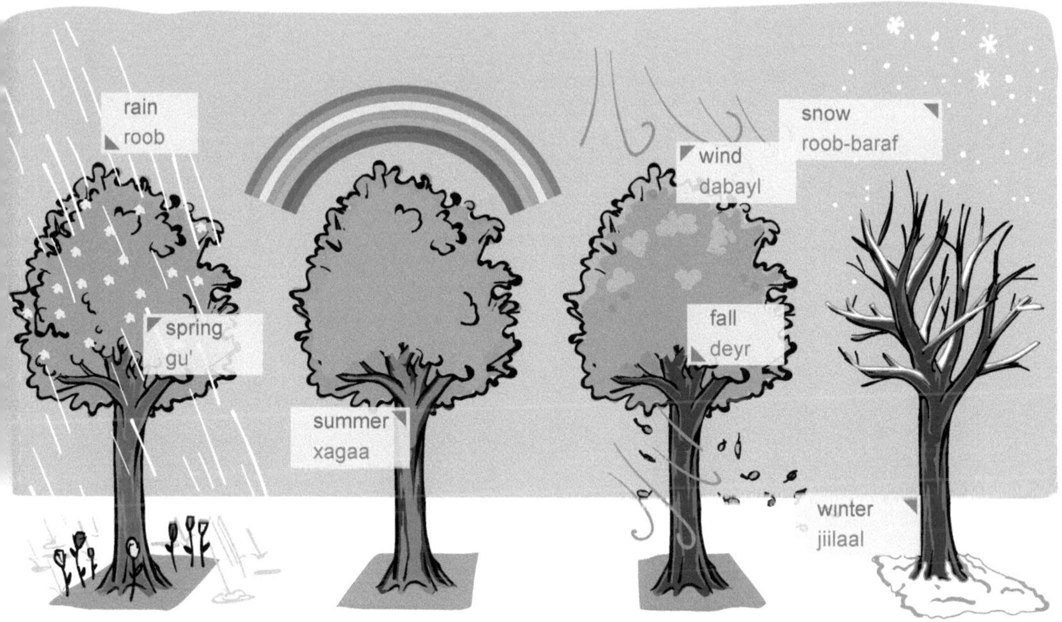

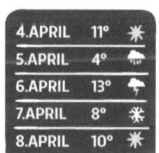

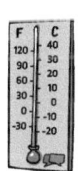

F C
120 40
90 30
60 20
30 10
0 0
-30 -10
-20
thermometer

heer-kul baare

sunshine

qorraxeed

cloud

daruur

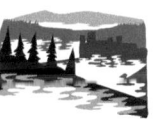

fog

ceeryaamo

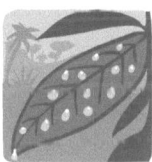

humidity

huur

lightning

jac

thunder

onkod

storm

duufaan

hail

roob-baraf

monsoon

maansuun

flood

daad

ice

baraf

January

Jannaayo

February

Febraayo

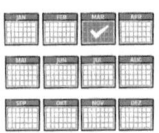

March

Maarso

April

Abriil

May

Mey

June

Juun

July

Luulyo

August

Agoosto

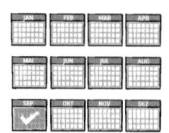

September

Sebteember

October

Oktoobar

November

Nofeember

December

Diseember

circle

goobaabo

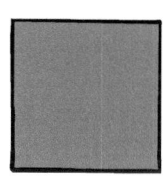

square

afar-gees

rectangle

leydi

triangle

saddex-xagal

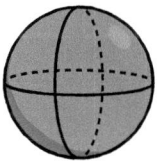

sphere

wareeg

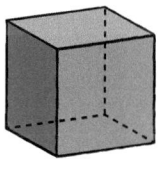

cube

bokis

white

caddaan

yellow

hurdi

orange

oranji

pink

guduud-khafiif

red

casaan

purple

carwaajis

blue

bluug

green

cagaar

brown

boroon

gray

cawl

black

madow

a lot / a little

badan / yar

angry / calm

caro / daganaan

beautiful / ugly

qurxoon / foolxun

beginning / end

billow / dhammaad

big / small

yar / weyn

bright / dark

iftiin / mugdi

brother / sister

walaalkaa / walaashaa

clean / dirty

nadiif / wasakhaysan

complete / incomplete

buuxa / dhantaalan

day / night

maalin / habeen

dead / alive

dhintay / nool

wide / narrow

ballaaran / ciriiri ah

edible / inedible

la cuni karo / aan la cuni karin

evil / kind

arxan-daran / naxariis-badan

excited / bored

faraxsan / caajisan

fat / thin

buuran / caateysan

first / last

ugu horeeya / ugu dambeeya

friend / enemy

saaxiib / cadaw

full / empty

maran / buuxa.

hard / soft

adag / jilicsan

heavy / light

culus / fudud

hunger / thirst

gaajo / oon

ill / healthy

xanuunsan / caafimaadsan

illegal / legal

sharci-darro / sharci

intelligent / stupid

caaqil / dabbaal

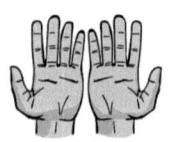

left / right

bidix / midig

near / far

dhow / fog

new / used

cusub / duug

nothing / something

waxba / wax

old / young

da' / dhalinyar

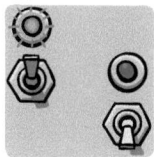

on / off

daaris / damin

open / closed

furan / xiran

quiet / loud

aamusnaan / cod-dheer

rich / poor

taajir / sabool

right / wrong

sax / khalad

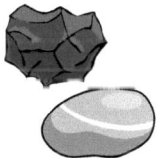

rough / smooth

jilif leh / sabiibax

sad / happy

murugsan / faraxsan

short / long

gaaban / dheer

slow / fast

tartiib / dhaqsi

wet / dry

qoyaan / qalleyl

warm / cool

qandac / qabow

war / peace

dagaal / nabad

0

zero

eber

1

one

kow

2

two

laba

3

three

saddex

4

four

afar

5

five

shan

6

six

lix

7

seven

toddoba

8

eight

sideed

9

nine

sagaal

10

ten

toban

11

eleven

kow iyo toban

12

twelve

laba iyo toban

13

thirteen

sadex iyo toban

14

fourteen

afar iyo toban

15

fifteen

shan iyo toban

16

sixteen

lix iyo toban

17

seventeen

todoba iyo toban

18

eighteen

sideed iyo toban

19

nineteen

sagaal iyo toban

20

twenty

labaatan

100

hundred

boqol

1.000

thousand

kun

1.000.000

million

malyuun

languages
luuqado

English
Af ingiriis

American English
Ingiriiska Mareykanka

Chinese Mandarin
Mandariinka Shiinaha

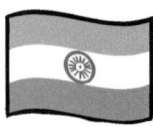

Hindi
Hindi

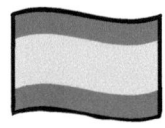

Spanish
Boortaqiis

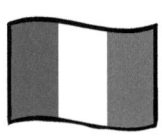

French
Faransiis

Arabic
Carabi

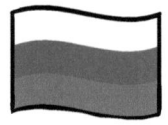

Russian
Ruush

Portuguese
Boortaqiis

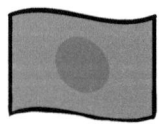

Bengali
Bengaali

German
Jarmal

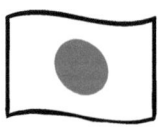

Japanese
Jabaaniis

I

aniga

you

adiga

he / she / it

asaga / ayada

we

annaga

you

idinka

they

ayaga

who?

kee?

what?

maxay?

how?

sidee?

where?

xagee?

when?

goorma?

name

magac

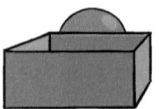

behind

gadaal

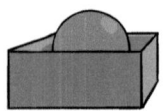

in

gudaha

in front of

horta

over

ka sare

on

dusha

under

ka hooseeya

beside

dhinac

between

u dhexeeya

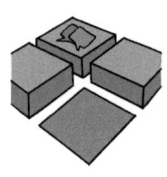

place

meel